Arena-Taschenbuch
Band 50711

Weitere Vorlesebücher im Arena-Taschenbuchprogramm:
Isabel Abedi / Christiane Hansen:
Heute ist Lucy Prinzessin (Band 50700)
Milena Baisch / Stefanie Dahle:
Drachengeschichten für 3 Minuten (Band 50701)
Christina Koenig / Stefanie Dahle:
Zauberponygeschichten für 3 Minuten (Band 50708)

Ilse Bintig
wurde in Hamm (Westfalen) geboren. Sie studierte Pädagogik,
absolvierte eine Ausbildung als Therapeutin für Legasthenie und
unterrichtete anschließend an Grund- und Hauptschulen. Seit 1984
arbeitet sie als freie Schriftstellerin. Sie verfasst Erzählungen,
Kurzgeschichten, Kinderbücher, Jugendromane und Spielstücke.

Eva Czerwenka,
geboren 1965 in Straubing, studierte Bildhauerei an der Akademie
in München und besuchte dort u. a. das Seminar „Bild und Buch“.
Seit Abschluss des Studiums arbeitet sie als freie Illustratorin
für verschiedene Verlage und als Bildhauerin.

Meine erste Märchensammlung
von den Brüdern Grimm und anderen

Für Kinder neu erzählt von Ilse Bintig

Mit Illustrationen
von Eva Czerwenka

Arena

1. Auflage als Limitierte Sonderausgabe im Arena-Taschenbuch 2015
© 2009 Arena Verlag GmbH, Würzburg
Alle Rechte vorbehalten
Texte: nacherzählt von Ilse Bintig
Illustrationen: Eva Czerwenka
Umschlagtypografie: KCS GmbH · Verlagsservice & Medienproduktion,
Stelle/Hamburg
Sondergestaltung: komm Design/achkomm.com/Würzburg
Gesamtherstellung: Westermann Druck Zwickau GmbH
ISSN 0518-4002
ISBN 978-3-401-50711-8

www.arena-verlag.de

Inhalt

Dornröschen

Ein König und eine Königin wünschten sich nichts sehnlicher als ein Kind.

Eines Tages wurde ihr großer Wunsch erfüllt, und es kam eine wunderschöne kleine Prinzessin zur Welt.

Der König war so glücklich, dass er alle Verwandten und Freunde zu einem großen Fest einlud. Zu den Gästen gehörten auch die weisen Frauen aus dem Reich.

Von den dreizehn Frauen durften aber nur zwölf kommen, weil es im Schloss nicht genügend goldene Teller gab.

Alle weisen Frauen wünschten der Prinzessin Schönheit, Reichtum und Güte.

Die zwölfte wollte dem Kind gerade Glück wünschen, da stürmte bebend vor Zorn die dreizehnte Frau in den Festsaal und rief: „Die Prinzessin soll sich an einer Spindel stechen und tot hinfallen."

Alle waren erschrocken und hofften, dass die zwölfte der weisen Frauen den bösen Spruch aufheben würde. Aber sie konnte den Fluch nur mildern und rief: „Die Prinzessin soll nicht sterben, sondern in einen hundertjährigen Schlaf fallen."

Um sein Kind zu schützen, ließ der König alle Spindeln im Reich verbrennen. Das Kind wuchs heran, und alle guten Wünsche der weisen Frauen gingen in Erfüllung.

Als die Prinzessin fünfzehn Jahre alt war, stieg sie in den hohen Turm des Schlosses und öffnete eine Tür.

In dem Turmstübchen saß eine alte Frau vor dem Spinnrad und hielt
eine Spindel in der Hand.

„Guten Tag, altes Mütterchen", sagte die Prinzessin freundlich.
„Darf ich auch mal spinnen?"

Die alte Frau reichte dem Mädchen die Spindel, und in diesem
Augenblick ging der Zauberspruch in Erfüllung. Die Prinzessin
stach sich in den Finger und schlief auf der Stelle ein.

Auch die anderen Bewohner des Schlosses fielen in einen tiefen
Schlaf: der König und die Königin, die Diener und die Hofdamen,
die Hunde, die Pferde, die Tauben auf dem Dach und die Fliegen
an der Wand.

In der Küche wollte der Koch gerade dem Küchenjungen eine
Ohrfeige geben, doch als er die Hand hob, schliefen beide ein.

Rund um das Schloss wuchs eine riesige Dornenhecke, deshalb
nannte man im ganzen Land die schlafende Prinzessin „Dornröschen".

Im Laufe der Jahre kamen viele Königssöhne, um Dornröschen zu
sehen, aber die Dornenhecke ließ sie nicht hindurch.

Nach langer Zeit versuchte wieder einmal ein Prinz, zum Schloss
zu kommen. Als er zur Hecke trat, geschah ein Wunder: Überall
zwischen den Dornen blühten Rosen, und der Prinz konnte durch
die Hecke geradewegs in den Schlosshof gehen. Er ahnte nicht,
dass an diesem Tag hundert Jahre vergangen waren und der
böse Fluch keine Wirkung mehr hatte.

Der Prinz ging durch das ganze Schloss. Dort lagen die Menschen und Tiere noch in tiefem Schlaf. Über eine hohe Wendeltreppe stieg der Prinz hinauf in das Turmzimmer und fand das schlafende Dornröschen.

Die Prinzessin war so schön, dass der Prinz sich niederbeugte und sie küsste.

Da schlug Dornröschen die Augen auf und lächelte.

Der Prinz reichte der Prinzessin die Hand und führte sie durch das ganze Schloss. Jetzt erwachten auch der König, die Königin und der ganze Hofstaat.

Die Hunde fingen an zu bellen, die Pferde wieherten, die Tauben auf dem Dach gurrten, und in der Küche gab der Koch dem Küchenjungen eine schallende Ohrfeige.

Alle Bewohner des Schlosses versammelten sich auf dem Hof und jubelten dem jungen Paar zu.

Am nächsten Tag nahm der Prinz das schöne Dornröschen mit in sein Reich.

Dort wurde eine prächtige Hochzeit gefeiert.

Und wenn der Prinz und die Prinzessin nicht gestorben sind, dann feiern sie noch heute.

Schneewittchen

Eine Königin bekam ein kleines Mädchen, das „Schneewittchen"
genannt wurde.

Alle bewunderten die Schönheit der kleinen Prinzessin, und der
König war überglücklich. Aber bald nach der Geburt starb die
Königin.

Als Schneewittchen ein Jahr alt war, nahm sich der König eine
neue Frau. Niemand ahnte, wie hochmütig und eitel die
neue Königin war.

Jeden Tag schaute sie in ihren Spiegel und fragte:
„Spieglein, Spieglein an der Wand, wer ist die Schönste
im ganzen Land?"

Immer antwortete der Spiegel: „Frau Königin, Ihr seid
die Schönste im Land."

Schneewittchen wuchs heran und wurde von Tag zu Tag schöner.
Eines Tages befragte die Königin wieder ihren Spiegel, und da
antwortete er: „Frau Königin, Ihr seid die Schönste hier, aber
Schneewittchen ist tausend Mal schöner als Ihr."

Da wurde die Königin gelb und grün vor Neid und befahl
einem Jäger, die Prinzessin in den Wald zu bringen und
zu töten.

Der Jäger gehorchte, aber er hatte Mitleid mit dem armen
Mädchen und ließ es in den tiefen Wald laufen.

Am Abend kam Schneewittchen an ein kleines Haus. Es ging

hinein und schaute sich um. In der kleinen Stube standen an einem kleinen Tisch sieben kleine Stühle und an der Wand sieben kleine Betten.

Vor Müdigkeit fielen Schneewittchen fast die Augen zu. Es legte sich in eins der kleinen Betten und schlief sofort ein.

Abends kamen die sieben Zwerge, die in dem Häuschen wohnten, von ihrer Arbeit zurück. Die Zwerge merkten sofort, dass jemand im Haus war.

Der erste sprach: „Wer hat auf meinem Stühlchen gesessen?"

Der zweite sprach: „Wer hat von meinem Tellerchen gegessen?"

Der dritte sprach: „Wer hat von meinem Brot gegessen?"

Der vierte sprach: „Wer hat von meinem Gemüse gegessen?

Der fünfte sprach: „Wer hat mit meinem Gäbelchen gegessen?"

Der sechste sprach: „Wer hat mit meinem Messerchen geschnitten?"

Der siebte sprach: „Wer hat aus meinem Becherchen getrunken?"

Die Zwerge leuchteten mit ihren Laternen in alle Winkel und Ecken. Als sie das Mädchen entdeckten, schrien sie verwundert auf, sodass Schneewittchen die Augen öffnete.

„Wie heißt du, und woher kommst du?", fragte der älteste Zwerg freundlich.

Da erzählte Schneewittchen seine schlimme Geschichte.

Die Zwerge erschraken, als sie von der bösen Königin hörten.

„Du kannst bei uns bleiben", sagte der älteste der Zwerge. „Während wir im Berg nach Erz graben, kannst du das Haus sauber halten und für uns kochen, waschen und nähen."

„Von Herzen gern bleibe ich bei euch", antwortete Schneewittchen. „Ich werde das Häuschen immer sauber halten."

„Und wir werden gut für dich sorgen", versprachen die Zwerge, „aber du darfst niemanden ins Haus lassen."

Schneewittchen war froh, dass es bei den guten Zwergen bleiben durfte.

Die böse Königin aber glaubte, Schneewittchen wäre tot und sie jetzt die Schönste im Land.

Doch der Spiegel sagte ihr die Wahrheit: „Schneewittchen über den Bergen bei den sieben Zwergen ist tausend Mal schöner als Ihr."

Da wusste die Königin, dass der Jäger sie belogen hatte und Schneewittchen noch lebte. Sie war außer sich vor Zorn und vergiftete einen Apfel. Dann verkleidete sie sich als Bäuerin und ging mit einem Korb voller Äpfel zum Häuschen der sieben Zwerge.

Schneewittchen schaute aus dem Fenster und sagte: „Ich darf niemanden hereinlassen. Ich kaufe nichts."
Die Bäuerin biss in den Apfel und sagte freundlich: „Hab keine Angst! Du siehst, dass der Apfel nicht giftig ist. Ich schenke ihn dir."
Schneewittchen ahnte nicht, dass nur eine Seite des Apfels vergiftet war, und biss hinein. Im gleichen Augenblick fiel es tot um.
Die Zwerge waren sehr traurig und legten Schneewittchen draußen im Wald in einen gläsernen Sarg. Drei Tage lang saßen die sieben Zwerge neben dem Sarg und weinten.

Am dritten Tag ritt ein Prinz mit seinen Dienern durch den Wald.
Als er die sieben Zwerge sah, stieg er vom Pferd und schaute in den
Sarg. Auf der Stelle verliebte er sich in Schneewittchen.
„Schenkt mir den Sarg mit dem schönen Mädchen!", bat der Prinz.
Die sieben Zwerge trennten sich nur schweren Herzens von
Schneewittchen, denn sie hatten es sehr lieb gehabt.
Die Diener mussten den Sarg zum Schloss des Prinzen tragen.
Unterwegs stolperten sie, und da löste sich das giftige Apfelstück
in Schneewittchens Hals. Die Prinzessin schlug die Augen auf
und stieg aus ihrem gläsernen Sarg.
Der Prinz war glücklich und schloss Schneewittchen in die Arme.
Dann setzte er es zu sich aufs Pferd und ritt mit ihm auf sein Schloss.
Mit vielen Gästen wurde eine große Hochzeit gefeiert.
Aus dem Prinzen wurde später ein König, und aus Schneewittchen
eine schöne Königin. Und wenn sie nicht gestorben sind, leben
sie heute noch.

Rumpelstilzchen

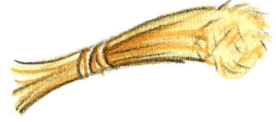

Es war einmal ein Müller, der war ein richtiger Prahlhans.
Als der König ihn einmal nach seiner Tochter fragte, sagte er: „Meine
Tochter ist nicht nur schön und gut, sondern auch außergewöhnlich
geschickt. Sie kann sogar Stroh zu Gold spinnen."

Der König staunte und sagte: „Bring mir morgen das Mädchen auf
mein Schloss! Ich will es auf die Probe stellen."
Am nächsten Morgen ging der Müller mit seiner Tochter zum König.
Das Mädchen wurde sofort in eine Kammer gebracht, die voller
Stroh lag.
Der König sagte zu der Müllerstochter: „Fang sofort an, zu arbeiten!
Wenn du bis morgen früh nicht alles Stroh zu Gold gesponnen hast,
musst du sterben."

Dann ließ er das Mädchen allein in der Kammer und verschloss
die Tür.

Die Müllerstochter saß traurig vor dem Spinnrad, denn es stimmte
nicht, was der Vater dem König erzählt hatte. Sie konnte kein Stroh
zu Gold spinnen. Die Angst der Müllerstochter wurde immer größer,
und schließlich weinte sie bitterlich.

Plötzlich stand ein kleines Männchen vor ihr. Es fragte: „Warum
weinst du?"

„Ich soll Stroh zu Gold spinnen", antwortete das Mädchen und
schluchzte laut auf.

„Was gibst du mir, wenn ich dir helfe?", fragte das Männchen.

Die Müllerstochter sagte: „Ich schenke dir meine Kette."

Das Männchen nahm die Kette und setzte sich sofort an das Spinnrad.

Als die Sonne aufging, war das ganze Stroh zu Gold versponnen,
und das Männlein war verschwunden.

Als der König kam und das Gold sah, freute er sich. Doch er war
goldgierig und ließ das Mädchen sofort in eine andere Kammer
voller Stroh bringen.

Mutterseelenallein saß nun die Müllerstochter vor dem Stroh
und weinte.

Auch in dieser Nacht kam das Männlein und forderte wieder
ein Geschenk.

Da gab das Mädchen ihm seinen Ring. Sofort fing das Spinnrad
an, sich zu drehen. Schnurr, schnurr, schnurr, so tönte es
die ganze Nacht hindurch.

Am Morgen war alles Stroh zu Gold versponnen.

Der König staunte, aber er wollte noch mehr Gold haben.

Er brachte das Mädchen in eine noch größere Kammer
voller Stroh.

„Wenn du morgen früh das ganze Stroh zu Gold gesponnen hast, sollst du meine Frau werden", versprach der König.

In der Nacht kam das Männchen zum dritten Mal.
„Was gibst du mir, wenn ich dir noch einmal helfe?", fragte das Männchen.
„Ich habe nichts mehr", antwortete die Müllerstochter traurig.
„Dann gib mir dein erstes Kind, wenn du Königin geworden bist!"
In ihrer Not willigte die Müllerstochter ein, und das Männchen spann das ganze Stroh zu Gold.

Der König hielt sein Versprechen und heiratete die Müllerstochter, und nach einem Jahr kam ein Kind auf die Welt.
Die Königin hatte das Männchen längst vergessen, aber eines Tages stand es vor ihr und wollte das Kind holen.
Die Königin war verzweifelt und versprach dem Männchen alle Schätze des Königreichs, aber das seltsame Männchen wollte nur das Kind.

Als die Königin bitterlich zu weinen anfing, sagte das Männchen: „Wenn du in drei Tagen meinen Namen weißt, sollst du dein Kind behalten."

Die Königin schickte sofort alle Diener aus, um die Namen im ganzen Reich zu sammeln.

Am Abend erschien das Männchen und fragte: „Na, Frau Königin, wie heiße ich?"

Die Königin nannte alle Namen, die sie gehört hatte, aber das Männchen kreischte jedes Mal: „Nein, so heiße ich nicht."

Am nächsten Tag stand das Mädchen wieder vor der Königin.

Sie sagte: „Heißt du vielleicht ‚Hammelbein' oder ‚Hühnerkopf'?"

Das Männchen kreischte: „Nein, so heiß ich nicht." Und schon war es verschwunden.

Die Königin schickte wieder ihre Diener aus, um Namen zu suchen.

Ein Diener entdeckte mitten im Wald ein kleines Haus, vor dessen Tür ein Feuer brannte. Der Mann traute seinen Augen nicht.

Ein kleines Männchen sprang um das Feuer und schrie:

„Ach, wie gut, dass keiner weiß,
dass ich ‚Rumpelstilzchen' heiß!"

Die Königin war überglücklich, als sie von dem Erlebnis des Dieners hörte.

Am dritten Tag erschien das Männchen im Schloss und fragte höhnisch: „Na, wie heiß ich?"

Da sagte die Königin: „Heißt du ‚Heinz'? Heißt du vielleicht ‚Kunz'?"

„Nein, so heiß ich nicht", schrie das Männchen.

Die Königin fragte: „Heißt du vielleicht ‚Rumpelstilzchen'?"

Da wurde das Männchen so wütend, dass es seinen rechten Fuß packte und sich selbst mitten entzweiriss.

Frau Holle

Es waren einmal zwei Schwestern. Die eine war faul, und die andere fleißig.

Jeden Tag saß das fleißige Mädchen vor dem Haus am Spinnrad und spann, bis seine Hände wehtaten. Einmal war die Spule so blutig, dass das Mädchen sie im Brunnen auswaschen musste. Dabei fiel die Spule ins Wasser.

Das Mädchen erschrak und sprang in den Brunnen, um die Spule zu holen. Dabei verlor es die Besinnung, und als es wieder wach wurde, stand es auf einer wunderschönen Blumenwiese.

Das Mädchen lief, bis es an eincn Backofen voller Brot kam.
Eine Stimme rief: „Hol mich raus! Sonst verbrenne ich!"
Ohne lange zu überlegen, holte das Mädchen ein Brot nach dem anderen aus dem Backofen.
Dann wanderte es weiter und kam an einen Baum voller Äpfel.
Eine Stimme rief: „Schüttle mich, die Äpfel sind alle reif!"
Sofort schüttelte das fleißige Mädchen den Baum, bis alle Äpfel im Gras lagen. Plötzlich tauchte vor dem Mädchen ein Haus auf.

Vor der Tür stand eine alte Frau und fragte: „Willst du bei mir
bleiben und das Haus sauber halten?"
Das Mädchen willigte sofort ein.
„Ich bin Frau Holle", erklärte die Frau. „Du musst jeden Tag tüchtig
meine Betten aufschütteln. Dann schneit es auf der Erde, und die
Kinder freuen sich."
Das Mädchen blieb bei der Frau und hielt das Haus sauber. Jeden
Tag schüttelte es die Betten, sodass auf der Erde bald alles tief
verschneit war.

Doch eines Tages merkte Frau Holle, dass das Mädchen Heimweh
hatte. Sie gab ihm seine Spule zurück und führte es unter ein
großes Tor. „Ich will dich für deinen Fleiß belohnen",
sagte Frau Holle.
Da fiel aus dem Tor ein Regen von Gold auf das Mädchen,
und im gleichen Augenblick war es wieder zu Hause.
Auf dem Brunnen hockte der Hahn und schrie:

> „Kikeriki,
> unsere goldene Jungfrau
> ist wieder hie!"

Alle Leute staunten über das viele Gold, das das Mädchen mitbrachte,
doch die faule Schwester wurde gelb vor Neid. Sofort beschloss sie,
auch zu Frau Holle zu gehen. Sie sprang in den Brunnen und fand
auch den richtigen Weg.

Unterwegs hörte sie die Bitte des Backofens, doch sie war zu faul,
um die Brote herauszuziehen. Und sie hatte auch keine Lust, die
Äpfel vom Baum zu schütteln, denn sie wollte nicht arbeiten, sondern
nur den gleichen Lohn haben wie die fleißige Schwester.

Frau Holle empfing das Mädchen freundlich und behielt es bei sich.
Am ersten Tag gab es sich Mühe, doch dann fing es an zu faulenzen.
Auf der Erde warteten die Kinder vergeblich auf Schnee, denn bei
Frau Holle wurden keine Betten mehr geschüttelt.

Es dauerte nicht lange, da schickte Frau Holle die faule Schwester
nach Hause.

„Jetzt bekommst du den Lohn für deine Arbeit", sprach Frau Holle.
Das faule Mädchen wartete unter dem großen Tor auf den Goldregen,
aber es fiel kein einziges Goldstück herab, sondern nur klebriges
schwarzes Pech.

Ohne ein Wort zu sagen, schloss Frau Holle das Tor,
und das Mädchen war wieder oben auf der Welt.
Als es zu Hause ankam, krähte der Hahn auf
dem Mist:

> „Kikeriki,
> unsere schmutzige Jungfrau
> ist wieder hie."

Das faule Mädchen schämte sich,
aber es war zu spät.
Das schwarze Pech blieb
ein Leben lang an ihm hängen.

Der süße Brei

Es war einmal eine Mutter, die war so arm, dass sie ihrem einzigen
Kind nichts mehr zu essen geben konnte.

Da ging das Kind hinaus in den Wald, um ein paar Beeren zu suchen.
Plötzlich stand eine alte Frau vor dem Kind, gab ihm einen Topf und
sagte: „In diesem kleinen Topf könnt ihr euch, so oft ihr wollt, einen
leckeren süßen Grießbrei kochen."

Das Kind schaute die Frau traurig an und sagte leise: „Wir haben
keine Milch und keinen Grieß und auch keinen Zucker."

Die Frau strich dem Kind übers Haar und sprach: „Das ist ein
Zaubertöpfchen. Es kann ohne Milch, Grieß und Zucker einen süßen
Brei kochen. Ihr müsst nur das Zauberwort kennen."

Das Kind schaute die Frau ungläubig an.

„Hör gut zu!", ermahnte die alte Frau. „Wenn du sagst ,Töpfchen,
koch!', dann kocht das Töpfchen, und wenn du sagst ,Töpfchen,
steh!', dann hört es auf zu kochen."

Das Kind bedankte sich und lief schnell nach Hause.

Es stellte den kleinen Topf auf den Herd und rief das Zauberwort.
Da zischte und brodelte es in dem Topf, und ein herrlicher Duft
zog durch die Küche.

Bald war der Topf bis zum Rand mit Grießbrei gefüllt, und das
Kind rief: „Töpfchen, steh!"

Da hörte der Topf sofort auf zu kochen. Die Mutter stand
staunend daneben und war glücklich, dass
sie nun jeden Tag etwas zu essen hatten.

Eines Tages war das Kind nicht zu Hause, und die Mutter wollte
einen Grießbrei kochen. Doch als der Brei fertig war, fiel ihr das
Zauberwort nicht mehr ein.

Der Brei kochte und kochte und kochte. Er schwappte über den
Rand des Töpfchens in die Küche und in die Zimmer, bis das
Haus bis oben mit Brei gefüllt war.

Dann quoll der Brei durch alle Fenster und Türen hinaus auf
die Straße.

Die Mutter suchte verzweifelt das richtige Zauberwort, aber sie hatte
es vergessen. So kochte das Töpfchen weiter und immer weiter.

Der Brei drang in alle Häuser der Stadt, und als nur noch ein einziges
Haus übrig war, kam das Kind nach Hause.

Es rief, so laut es konnte: „Töpfchen, steh!"

Da hörte der Topf auf zu kochen, doch wer jetzt in die Stadt
kommen wollte, musste sich durch Berge von Brei essen.

Hänsel und Gretel

Ein armer Holzhacker hatte zwei Kinder, einen Jungen und ein
Mädchen. Der Junge hieß Hänsel und das Mädchen Gretel.
Die Mutter war schon lange tot, und seitdem machte eine andere
Frau die Arbeit im Haus. Es war eine lieblose Frau, und sie
beschloss, die Kinder in den Wald zu bringen, um sie loszuwerden.
Das merkten die Kinder, und Gretel weinte bitterlich.
Hänsel aber tröstete sein Schwesterchen. „Hab keine Angst,
ich weiß, wie wir uns retten können."
Mitten in der Nacht stand Hänsel auf und schlich durch die Tür
nach draußen.
Auf dem Weg glänzten weiße Kieselsteine im Mondlicht. Er bückte
sich und steckte viele kleine Steine in seine Taschen. Dann ging er
leise zurück in die Schlafkammer.

Am frühen Morgen brachte die Frau Hänsel und Gretel tief in den dunklen Wald hinein. Sie glaubte, von hier aus könnten die Kinder nie wieder den Weg nach Hause finden.

Doch die böse Frau irrte sich, denn Hänsel hatte unbemerkt immer wieder einen Kieselstein auf den Weg fallen lassen.

Als die Frau sie allein gelassen hatte, ruhten sich die Kinder ein wenig aus. Dann machten sie sich wieder auf den Weg und gingen immer den Kieselsteinen nach, bis sie wieder zu Hause waren.

Der Vater schloss vor Freude seine Kinder in die Arme.

Hänsel ahnte, was die böse Frau plante, und wollte in der Nacht wieder Kieselsteine sammeln, aber die Frau hatte die Tür verschlossen.

Am nächsten Morgen brachte sie Hänsel und Gretel noch weiter in den dunklen Wald hinein, aber Hänsel hatte keine Kieselsteine, die er auf den Weg werfen konnte. In seiner Tasche steckte nur ein Stück Brot. Davon warf er Stückchen um Stückchen hinter sich, aber dieses Mal konnten die Kinder den Weg nach Hause nicht mehr finden, denn die Vögel hatten die Brotstückchen alle aufgepickt.

Tag und Nacht irrten Hänsel und Gretel müde und hungrig im Wald umher. Nachts schliefen sie unter einem Baum, und tagsüber suchten sie Beeren, um nicht zu verhungern.

Eines Morgens wurden sie von dem Gezwitscher eines weißen Vogels geweckt.

Als sich Hänsel und Gretel wieder auf den Weg machten, flog der Vogel vor ihnen her. Er führte sie immer weiter in den Wald hinein, bis zwischen den Bäumen ein kleines Haus auftauchte.

Die Kinder trauten ihren Augen nicht. Das Häuschen war aus Brot und Kuchen gebaut, die Fenster aus leckeren Süßigkeiten. Die beiden Kinder waren so hungrig, dass sie sofort ein Stückchen Kuchen aus dem Dach herausbrachen. Da hörten sie eine Stimme:

„Knusper, knusper, kneischen,
wer knuspert an meinem Häuschen?"

Hänsel und Gretel erschraken, als eine alte, hässliche Frau aus der Tür kam und sie mit ins Haus nahm.

Zuerst war die Alte freundlich, aber dann merkten die Kinder, dass sie eine Hexe war. Sie sperrte Hänsel in einen kleinen Stall, und Gretel musste ihm viel zu essen bringen, damit er fett wurde, denn die Hexe wollte ihn braten.

Eines Morgens machte die Hexe in dem riesigen Backofen auf dem Hof ein großes Holzfeuer an. Sie steckte den Kopf in den Backofen, um zu sehen, ob er heiß genug war. Aber die Haare der Hexe fingen Feuer, und bald brannte sie lichterloh.

Gretel lief sofort zu Hänsel und holte ihn aus dem Stall.

Die beiden Kinder fielen sich vor Freude um den Hals. Dann holten sie die Edelsteine und Perlen, die die Hexe in ihrem Häuschen versteckt hatte, und machten sich auf den Weg.

Der kleine weiße Vogel flog vor ihnen her, bis sie wieder zu Hause waren.

Hänsel und Gretel stürmten in die Stube und fielen dem Vater um den Hals.

Die böse Frau lebte nicht mehr, und der Vater war glücklich, dass er seine Kinder wiederhatte. Und er staunte sehr, als die Geschwister die Edelsteine und Perlen aus ihren Taschen zogen und auf den Tisch legten.

Nun war alle Not zu Ende. Und das Märchen von Hänsel und Gretel auch.

Tischlein, deck dich!

Es war einmal ein Schneider, der glaubte, seine drei Söhne hätten ihn belogen. In seinem Zorn jagte er alle drei aus dem Haus.

Als der Schneider merkte, dass er sich geirrt hatte, war er sehr traurig und hätte die Söhne gern zurückgeholt, aber er wusste nicht, wo er sie suchen sollte.

Der älteste Sohn war zu einem Schreiner in die Lehre gegangen. Der Meister war mit dem fleißigen Jungen sehr zufrieden. Als die Lehre zu Ende war, schenkte der Schreiner ihm ein Tischchen.

„Das ist kein gewöhnliches Tischchen, sondern ein Wundertischchen", sagte der Meister. „Du musst nur rufen: ‚Tischlein, deck dich!', dann stehen die herrlichsten Speisen auf dem Tisch." Der Schreinerbursche bedankte sich und wanderte mit dem Tischlein auf dem Rücken durch das ganze Land.

Wenn er Hunger hatte, konnte er sich jeden Wunsch erfüllen. Doch bald packte ihn das Heimweh, und er hoffte, dass der Vater seinen Zorn vergessen hatte. Kurz entschlossen machte er sich auf den Heimweg.

Eines Abends wollte er in einer Gaststätte übernachten.

Weil der Wirt kein Essen mehr hatte, zauberte der Junge für alle Gäste ein köstliches Mahl.

Da begann in der Gaststube ein Schmatzen und Trinken und Lachen, und der Wirt dachte: So ein Tischlein könnte mich reich machen.

In der Nacht schlich er in das Zimmer des schlafenden Jungen und tauschte das Wundertischchen gegen ein ganz gewöhnliches Tischchen um.

Als der Sohn nach Hause kam, nahm ihn der Vater voller Freude auf.
Der Junge lud alle Verwandten und Freunde zum Essen ein und rief:
„Tischlein, deck dich!"
Aber oh weh! Auf dem Tischlein rührte sich nichts, und alle Gäste
zogen hungrig, lachend und spottend davon.

Der zweite Sohn war bei einem Müller in die Lehre gegangen.
Als seine Lehrzeit zu Ende war, beschloss er, nach Hause zu gehen.
Beim Abschied sagte der Müller: „Weil du immer fleißig warst,
schenke ich dir einen Esel. Es ist kein gewöhnlicher Esel, denn er
kann von vorne und hinten Gold spucken."
Der Junge lachte und glaubte dem Meister nicht.
Da holte der Müller den Esel aus dem Stall, stellte ihn auf ein Tuch
und rief: „Bricklebrit!"
Der Esel schrie: „IA, IA, IA", und schon purzelten die Goldstücke
auf das Tuch.
Der Junge bedankte sich und machte sich mit seinem Esel auf den
Weg nach Hause. Unterwegs übernachtete er bei demselben Wirt
wie sein Bruder.
Als der Junge den Esel Gold spucken ließ, stand der diebische Wirt
hinter der Tür.
In der Nacht ging er heimlich in den Stall und tauschte den Goldesel
gegen einen gewöhnlichen Esel um.
Der Vater war glücklich, dass nun auch der zweite Sohn heimkehrte.

Der konnte es kaum erwarten, den Wunderesel vorzuführen.
Als der Esel auf dem Tuch stand, rief der Sohn: „Bricklebrit!"
Der Esel schrie laut „IA, IA, IA", aber es fiel kein einziges
Geldstück auf das Tuch. Es war ein ganz gewöhnlicher Esel.
Alle Zuschauer spotteten und lachten.

Nun fehlte im Hause nur noch der dritte Sohn. Er war bei einem
Drechsler in die Lehre gegangen.
Beim Abschied schenkte der Meister seinem Lehrling einen
Sack mit einem dicken Knüppel.
„Ein seltsames Geschenk", murmelte der Junge ein bisschen
enttäuscht.
„Das stimmt", lachte der Meister, „aber der Sack kann für dich
einmal sehr wertvoll sein. Wenn dir jemand etwas Böses antun will,
rufst du einfach: ‚Knüppel aus dem Sack!' Dann tanzt der dicke
Knüppel dem Übeltäter so lange auf dem Rücken herum, bis du rufst:
‚Knüppel in den Sack!' "
Das gefiel dem Jungen. Er bedankte sich und machte sich mit dem
Sack auf den Weg nach Hause.

Unterwegs übernachtete er in demselben Gasthaus wie seine Brüder.
Der Wirt dachte: In dem seltsamen Sack muss etwas sehr Wertvolles
stecken.

In der Nacht schlich er in das Zimmer des Jungen, um den Sack zu
stehlen.

Aber der Junge hörte den Wirt und schrie: „Knüppel aus dem Sack!"
Da sprang der Knüppel aus dem Sack und tanzte dem Wirt auf dem
Rücken herum. Der schrie, als ob er am Spieß steckte. Als der
diebische Wirt auf dem Boden lag, rief der Junge: „Willst du
alles herausgeben, was du meinen Brüdern gestohlen hast?"

„Ja, ich will alles tun, was du verlangst", versprach der Dieb.

Da rief der Junge: „Knüppel in den Sack!"

Laut jammernd und stöhnend schlich der Wirt aus dem Zimmer.

Am nächsten Morgen machte sich der Junge mit dem
Wundertischchen, dem Goldesel und dem Knüppelsack auf den Weg
nach Hause.

Der Vater war glücklich, dass nun die Söhne wieder zu Hause waren.

Am nächsten Tag luden die drei Brüder alle Leute aus dem Dorf zu
einem großen Fest ein.

Das Tischlein bereitete die schönsten Speisen, und der Goldesel
spuckte so viel Gold, dass alle Gäste ihre Taschen füllen konnten.

Und der Knüppel? Der blieb im Sack, denn er wurde zum Glück
auf dem großen Fest nicht gebraucht.

Rotkäppchen

Eine Großmutter hatte ihre kleine Enkelin sehr lieb, und die kleine
Enkelin liebte die Großmutter. Einmal schenkte sie dem Mädchen
ein rotes Käppchen. Seitdem nannten es alle Leute „Rotkäppchen".
Eines Tages schickte die Mutter das Kind mit einem Korb voller
Wein und Kuchen zur kranken Großmutter in den Wald.
Unterwegs begegnete Rotkäppchen einem Wolf. Das Mädchen
wusste nicht, wie böse das Tier war.
„Guten Tag, Rotkäppchen!", sagte der Wolf freundlich. „Was hast
du denn in deinem Korb?"
„Kuchen und Wein für meine kranke Großmutter",
antwortete das Kind.

„Und wo wohnt deine Großmutter?", fragte der Wolf lauernd und hörte gut zu, als Rotkäppchen den Weg beschrieb. Er dachte: Ich muss es klug anfangen, dann kann ich vielleicht nicht nur das Kind, sondern auch die Großmutter schnappen.

Bei diesem Gedanken lief ihm schon das Wasser im Maul zusammen. Er lief ein Stück neben Rotkäppchen her, dann blieb er stehen und sagte: „Sieh mal, wie schön die Blumen auf der Waldwiese blühen! Willst du nicht deiner Großmutter einen Blumenstrauß mitbringen?"

„Das ist ein guter Gedanke", meinte Rotkäppchen und lief vom Weg ab auf die Wiese. Es nahm sich viel Zeit, denn es machte Spaß, die schönen Blumen zu pflücken.

Der Wolf aber lief, so schnell er konnte, zum Haus der Großmutter. Er sprang an ihr Bett und verschluckte sie. Dann zog er die Kleider der Großmutter an, setzte ihre Haube auf, zog die Vorhänge zu und legte sich ins Bett. Hier wartete er auf Rotkäppchen.

Es dauerte nicht lange, da kam das Mädchen in die Stube und rief: „Guten Morgen, Großmutter!"

Als keine Antwort kam, zog Rotkäppchen den Vorhang auf und sah, dass die Großmutter die Haube tief ins Gesicht gezogen hatte.

„Großmutter, was hast du für große Ohren?", fragte Rotkäppchen ängstlich.

„Dass ich dich besser hören kann", antwortete der Wolf mit hoher Stimme.

„Großmutter, warum hast du so große Augen?"

„Dass ich dich besser sehen kann."

„Großmutter, warum hast du so ein schrecklich großes Maul?"

„Dass ich dich besser fressen kann", schrie der Wolf, sprang aus dem Bett und verschlang auch das arme Rotkäppchen. Satt und müde legte er sich wieder ins Bett und schlief sofort ein.

Er schnarchte so laut, dass der Jäger es hörte und besorgt ins Haus

ging. Da entdeckte er den Wolf und wusste sofort, was geschehen war. Ohne lange zu überlegen, schnitt der Jäger mit einem Messer dem Wolf den Bauch auf, und – welch ein Glück! – da sprang das Rotkäppchen gesund und munter heraus, und danach auch die Großmutter.

Sie packten Steine in den Bauch des Wolfes, und der Jäger nähte ihn zu. Kurz darauf erwachte der Wolf und stieg aus dem Bett. Er wollte in den Wald laufen, aber die Steine in seinem Bauch waren so schwer, dass er tot umfiel.

Die Großmutter und Rotkäppchen dankten dem Jäger, dass er sie gerettet hatte, und luden ihn zu Wein und Kuchen ein.

Von nun an musste keiner mehr fürchten, im Wald dem bösen Wolf zu begegnen.

Die Bremer Stadtmusikanten

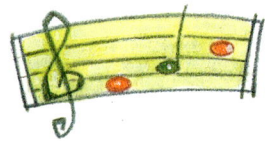

Es war einmal ein Esel, der hatte ein Leben lang schwere Säcke
geschleppt, aber als er alt war, wollte der Müller ihn nicht mehr
haben. Da war der Esel traurig und machte sich auf den Weg nach
Bremen. Dort wollte er auf der Straße Musik machen.
Unterwegs begegnete ihm ein großer Hund.
„Warum lässt du denn deine Ohren so hängen?", fragte der Esel.
„Ich habe ein Leben lang meinen Herrn auf der Jagd begleitet",
sagte der Hund, „aber jetzt bin ich alt und soll sterben. Deshalb
bin ich von zu Hause weggelaufen."
„Komm mit mir nach Bremen, dort machen wir auf der Straße Musik."
„Das ist ein guter Gedanke", sagte der Hund und ging mit.

Auf dem Weg nach Bremen begegnete den beiden Tieren eine Katze.
Sie jammerte ganz erbärmlich.
„Warum jaulst du so?", fragte der Esel.

„Ach, ich bin alt, meine Zähne sind stumpf, und ich
kann keine Mäuse mehr fangen. Deshalb wollte
mich die Bäuerin ertränken."
„Du kannst doch die schönste Nachtmusik machen",
meinte der Esel. „Komm mit uns nach Bremen,
da werden wir zusammen Musik machen."
Die Katze ging gerne mit.
Bald kamen die drei Wanderer an einem Hof vorbei.
Auf dem Tor saß ein Hahn und krähte, dass es
durch Mark und Bein ging.
„Warum schreist du so?", fragte der Esel.
„Ich bin alt", sagte der Hahn, „und deshalb will mich die Bäuerin
morgen in die Suppe stecken."
„Komm mit uns nach Bremen!", rief der Esel.
Sofort flog der Hahn vom Tor hinunter auf die Straße.
Abends waren die vier Tiere so müde, dass sie im
Wald übernachten mussten.
Der Hahn setzte sich auf die Spitze eines hohen Baumes.
Da entdeckte er in der Ferne ein hell erleuchtetes Haus.
Die Tiere machten sich sofort wieder auf den Weg.
Als sie vor dem Haus standen, schaute der Esel durchs
Fenster in die hell erleuchtete Stube.
„Was siehst du?", fragte der Hund.
Der Esel flüsterte: „Am Tisch sitzt eine ganze Räuberbande und
schlägt sich mit dem herrlichsten Braten den Bauch voll."
Das wollten auch die anderen Tiere sehen. Der Esel stellte sich
mit den Vorderfüßen auf das Fensterbrett, der Hund sprang auf den

Rücken des Esels, die Katze kletterte auf den Hund, und der Hahn setzte sich auf den Kopf der Katze.

Dann fingen sie an, eine ohrenbetäubende Musik zu machen: Der Esel schrie „IA, IA, IA!", der Hund bellte, die Katze miaute, und der Hahn krähte.

Da sprangen die Räuber auf und glaubten, ein Gespenst stünde vorm Haus. So schnell sie konnten, flohen sie in den Wald.

Die vier Stadtmusikanten gingen ins Räuberhaus, setzten sich an den Tisch und ließen es sich schmecken. Satt und müde suchte sich jeder im Haus einen Schlafplatz und schlief auf der Stelle ein.

Um Mitternacht kamen die Räuber zurück und sahen, dass es im Haus dunkel war. Der Räuberhauptmann öffnete die Tür. Da sprang ihm die Katze ins Gesicht, und der Hund biss ihn ins Bein.

Erschrocken rannte der Räuber auf den Hof, aber da gab ihm der Esel einen Schlag mit den Hinterhufen, und der Hahn schrie, so laut er konnte: „Kikeriki!"

Voller Angst rannte der Kundschafter zum Räuberhauptmann und rief: „Das ganze Haus ist voller Gespenster."

Von nun an trauten sich die Räuber nicht mehr in die Nähe des unheimlichen Hauses, doch den Bremer Stadtmusikanten gefiel es so gut, dass sie das Haus nie mehr verließen. Und wenn der Esel, der Hund, die Katze und der Hahn nicht gestorben sind, dann wohnen sie noch heute im Räuberhaus.

Schneeweißchen und Rosenrot

Es war einmal eine Witwe, die hatte zwei Töchter.
Die eine Tochter hieß Schneeweißchen, und die andere Rosenrot.
Beide Mädchen waren lieb und fleißig und hatten nie Streit
miteinander. Sie wollten ein Leben lang zusammenbleiben.
Im Sommer liefen die Schwestern jeden Tag in den Wald, um Beeren
zu suchen. Dabei hatten sie keine Angst vor den Tieren, denn sie taten
ihnen nichts.
Die Hasen fraßen aus ihren Händen Kohlblätter, und die Vögel
sangen für sie die schönsten Lieder.
An den langen Winterabenden saß die Frau mit ihren Töchtern
am Feuer. Neben den beiden Mädchen lag ein Lämmchen,
und auf einer Stange hockte ein weißes Täubchen.
An einem kalten Winterabend klopfte es an die Tür.
Rosenrot schob den Riegel zur Seite und schrie laut auf, denn ein
großer schwarzer Bär trottete in die Stube.
Das Lämmchen sprang auf und blökte, und das Täubchen flatterte und
gurrte. Der Bär aber ging an das Feuer und sagte: „Habt keine Angst
vor mir! Ich will mich nur ein bisschen an eurem Feuer wärmen."
Da wurden die Tiere still, und Schneeweißchen und Rosenrot hatten
vor dem sprechenden Bären keine Angst mehr. Sie fegten ihm
den Schnee aus dem Pelz, und das schien ihm zu gefallen.
Er brummte vor Behagen und streckte sich am Feuer aus.
Schneeweißchen und Rosenrot kraulten ihm das dicke Fell, und
schließlich balgten sie sich sogar mit ihm auf dem Boden herum.

Am nächsten Morgen trottete der Bär wieder zurück in den Wald, aber abends war er wieder da. So ging es den ganzen Winter lang, doch als das Frühjahr kam, sagte der Bär eines Tages: „Jetzt werde ich euch verlassen, denn im Sommer muss ich meine Schätze vor den bösen Zwergen hüten."

Die beiden Mädchen waren traurig, als der Bär sie verließ, aber beim Hinausgehen sahen sie etwas Seltsames. Der Bär riss sich an einem Haken ein wenig das Fell auf, und darunter leuchtete es einen Augenblick lang wie Gold.

An einem sonnigen Tag gingen die Mädchen in den Wald und fanden einen Zwerg, der fürchterlich schrie. Er hatte sich beim Holzhacken seinen langen Bart eingeklemmt.

Schneeweißchen und Rosenrot wollten sofort helfen, aber der Bart steckte in dem Holz fest. Schließlich nahm Rosenrot eine kleine Schere aus der Tasche und schnitt den Bart ein Stückchen ab. Statt dankbar zu sein, schimpfte und fluchte der Zwerg. Dann zog er einen Sack voller Gold aus dem Gebüsch und verschwand.

Es dauerte nicht lange, da begegneten die Mädchen schon wieder dem
bösen Zwerg. Er saß an einem Bach, um zu angeln. Dabei hatte
sich sein Bart mit der Angelschnur verflochten, und ein Fisch zog
ihn ins Wasser.

Die beiden Mädchen versuchten, ihm zu helfen, aber es blieb ihnen
nichts anderes übrig, als den Bart ein Stück abzuschneiden.
Der Zwerg schrie wie am Spieß und beschimpfte die Mädchen.
Dann sprang er auf, holte aus dem Schilf einen Sack mit Perlen
und verschwand.
Als Schneeweißchen und Rosenrot einmal Besorgungen in der Stadt
machen mussten, kamen sie durch eine einsame Heide. Plötzlich flog
vor ihnen ein Adler auf, der ein zappelndes Männlein gepackt hatte
und es gerade forttragen wollte.
Die Mädchen erkannten sofort den bösen Zwerg, sie hingen sich an
ihn, bis der Adler seine Beute losließ.

Der Zwerg schimpfte die Mädchen aus: Ein dämliches Pack wären sie, sein Röckchen hätten sie zerfetzt, und an seinen Beinen hätten sie gerissen. Laut fluchend hob er ein Säckchen auf und verschwand in seiner Höhle.

Als die Mädchen aus der Stadt zurückkamen, lag vor der Höhle ein Haufen Edelsteine, die in der Abendsonne blitzten und funkelten. Und vor dem großen Schatz hockte der böse Zwerg. Als er die Mädchen sah, wurde er rot vor Wut. „Verschwindet, ihr dummen Bleichgesichter!", schrie er so laut, dass es über die ganze Heide schallte.

Da stand plötzlich der große schwarze Bär vor dem Zwerg.

Der sprang erschrocken auf und bettelte: „Lieber Bär, lass mich leben! Friss lieber die beiden Mädchen! Ich gebe dir auch alle deine Schätze zurück."

Da gab der Bär dem elenden Wicht einen Schlag mit der Tatze, sodass er umfiel.

In diesem Augenblick fiel die Bärenhaut ab, und vor den Mädchen stand ein wunderschöner Prinz in goldenen Kleidern.

„Ich bin ein Königssohn und wurde von dem bösen Zwerg in einen Bären verzaubert", sprach der Prinz. „Aber nun bin ich erlöst und nehme euch und eure Mutter mit in mein Königreich."

In dem herrlichen Schloss des Prinzen wurde bald eine große Hochzeit gefeiert.

Der Prinz heiratete Schneeweißchen, und der Bruder des Prinzen heiratete Rosenrot, und wenn sie nicht gestorben sind, leben die beiden Schwestern noch heute zusammen im Königsschloss.

Der gestiefelte Kater

Es war einmal ein Müller, der schenkte seinem ältesten Sohn eine Mühle, dem zweiten Sohn einen Esel und dem dritten einen Kater. Hans wurde von den großen Brüdern verspottet und ausgelacht. Er stand traurig vor dem Kater und fragte: „Was soll ich mit dir bloß anfangen?"

Da stellte sich der Kater auf die Hinterbeine und fing an zu sprechen: „Sei nicht traurig! Ich will dir immer dienen. Aber ich habe eine Bitte: Lass mir beim Schuster ein paar gute Stiefel machen! Dann kann ich noch ein bisschen schneller laufen."

Hans erfüllte den Wunsch mit dem letzten Geld, das er hatte.

Der Kater zog die Stiefel an und ging aufrecht wie ein Mensch zur Tür hinaus.

In dieser Zeit regierte im Land ein König, der für sein Leben gern Rebhühner aß, aber es gelang keinem Jäger, ein Rebhuhn zu erwischen.

Nichts ist leichter als das, dachte der schlaue Kater und warf eine Handvoll Körner in einen Sack, der mit einer langen Schnur zugezogen werden konnte.

Den offenen Sack legte er auf eine Wiese und versteckte sich mit der Schnur in der Hand hinter einer Hecke.

Es dauerte nicht lange, da krochen ein paar Rebhühner in den Sack, um die Körner zu fressen. Der Kater zog die Schnur zu und lief mit dem Sack voller Rebhühner zum König.

Er machte eine tiefe Verbeugung und sagte: „Die Rebhühner schickt euch der Graf von Carrabas."

Der König war hocherfreut und ließ den Sack mit Gold füllen.

Der Kater trug den Sack nach Hause, schüttete das Gold vor seinem Herrn aus und sagte: „Der König lässt dir für die schönen, fetten Rebhühner danken. Ich habe ihm erzählt, mein Herr sei der Graf von Carrabas."

49

Hans konnte über seinen seltsamen Kater nur den Kopf schütteln, aber er freute sich über das viele Geld.

Jeden Tag ging nun der gestiefelte Kater mit seinem Sack auf die Jagd und brachte die gefangenen Rebhühner dem König. Und jedes Mal kam er mit viel Geld zurück.

Bald fühlte sich der Kater im ganzen Schloss zu Hause und streifte durch alle Räume bis in die Küche.

Hier hörte er eines Tages von dem Kutscher, dass der König mit seiner Tochter eine Fahrt rund um den See machen wolle. Sofort lief der Kater nach Hause und sagte zum Hans: „Du brauchst als Graf nicht nur Geld, sondern noch viel mehr. Geh mit mir an den See, und bade darin!"

Hans wusste nicht, was der Kater vorhatte, aber er ging mit.

Am See zog er seine Kleider aus, legte sie ans Ufer und schwamm hinaus.

Unterdessen versteckte der Kater die Kleider und lief laut schreiend der Kutsche des Königs entgegen. „Man hat meinem Herrn, dem Grafen von Carrabas, die Kleider gestohlen. Nun schwimmt er im See herum und wird sich erkälten oder sogar ertrinken. Bitte, helft ihm!"

Der König ließ sofort ein paar von seinen goldenen Kleidern holen, und der Kater brachte sie Hans an den See. Jetzt sah Hans wirklich aus wie ein Graf.

Der König ließ den Herrn des Katers sofort in die Kutsche steigen. Da strahlte die Prinzessin übers ganze Gesicht, denn Hans war jung und hübsch.

Unterdessen lief der Kater voraus bis in das Land des bösen Zauberers, der in einem herrlichen Schloss wohnte. Zu allen Bauern, die am Rand des Weges arbeiteten, sagte der Kater: „Wenn der König vorbeikommt und euch nach dem Besitzer des Landes fragt, müsst ihr antworten: ‚Das Land gehört dem Grafen von Carrabas.' Tut ihr das aber nicht, werdet ihr bestraft."

Es kam so, wie der Kater es vorausgesehen hatte. Der König erfuhr auf seiner Kutschfahrt, dass alle Wiesen, Felder und Wälder dem Grafen Carrabas gehörten.

Aber der Kater wollte noch mehr für seinen Herrn tun. Gut, dass er Stiefel anhatte! Damit konnte er wie der Blitz zum Schloss des Zauberers laufen.

Er rannte durch alle großen Säle, bis er den Zauberer fand.
Nach einer tiefen Verbeugung fragte der listige Kater: „Ist es wahr,
dass du dich in ein Tier verwandeln kannst?"
„In jedes Tier", antwortete der Zauberer.
„Auch in einen Elefanten?"
„Hokus, Pokus!", rief der Zauberer, und schon hatte er sich
in einen Elefanten verwandelt.

Der Kater bewunderte den Zauberer, und dem gefiel das.
Er verwandelte sich in einen Löwen und dann in ein Pferd.
„Kannst du dich denn auch in kleine Tiere verwandeln?",
fragte der Kater.
„Sogar in das allerkleinste Tier", prahlte der Zauberer.
„Aber bestimmt nicht in eine Maus", sagte der listige Kater.
Der dumme Zauberer lachte und verwandelte sich auf der
Stelle in eine Maus.
Da machte der Kater einen riesigen
Satz, packte die Maus und fraß sie auf.
Kurze Zeit später kam auf dem Schlosshof die Kutsche
des Königs an.
Der gestiefelte Kater stand auf der Schlosstreppe und verneigte
sich vor dem König, der Prinzessin und dem Grafen von Carrabas.
Er flüsterte dem staunenden Hans zu: „Das Schloss gehört dir."
Der König bewunderte den großen Besitz des Grafen von Carrabas
und gab ihm seine Tochter zur Frau.
Später wurde aus dem armen Hans sogar ein König und aus dem
Kater ein Minister. Und nicht gelogen: Der gestiefelte Kater wurde
der klügste Minister aller Zeiten.

Die Sterntaler

Es war einmal ein kleines Mädchen, das hatte keinen Vater, keine
Mutter, keine Geschwister und auch kein Haus und kein Bett, in dem
es schlafen konnte. Das Kind besaß nichts als die Kleider, die es trug,
und ein Stückchen Brot, das ihm eine Frau geschenkt hatte.
Mutterseelenallein lief es in den Wald hinein.
Da kam ihm ein Mann entgegen, der sagte: „Ich habe großen Hunger,
hast du etwas zu essen für mich?"
Das Mädchen überlegte nicht lange und gab dem Mann sein
Stückchen Brot.
Nach kurzer Zeit traf das Mädchen ein Kind, das zitterte vor Kälte,
denn es hatte kein Mützchen auf dem Kopf.
Das Kind bettelte: „Schenk mir dein Mützchen, damit ich nicht so
friere!"
Da zog das Mädchen sofort sein Mützchen vom Kopf und setzte es
dem kleinen Kind auf.
Ein Stückchen weiter kam ein Kind, das bettelte: „Schenk mir dein
Kleidchen, ich friere so!"
Da zog das Mädchen sein Kleidchen aus und reichte es dem Kind.
Als es dunkel wurde, sah das Mädchen ein kleines Kind am Weg
stehen, das jammerte: „Ich habe kein Hemdchen und friere."
Das Kind ist noch ärmer als ich, dachte das Mädchen, und im
dunklen Wald sieht mich niemand, da kann ich ihm ruhig mein
Hemdchen schenken.
Das Mädchen hatte nun nichts mehr, und im Wald wurde es immer

dunkler. Da schaute das arme Mädchen zum Himmel hinauf, an dem Tausende von Sternen blitzten und blinkten.

Und wie das Mädchen so dastand, geschah ein Wunder. Es hatte auf einmal ein neues feines Hemdchen an, und vom Himmel fielen die Sterne und waren blanke Goldtaler. Das Mädchen sammelte die Taler in sein Hemdchen und hatte genug für sein ganzes Leben.

Vom Fischer und seiner Frau

Es war ein Fischer, der wohnte mit seiner Frau in einem alten
Henkeltopf in der Nähe des Meeres.
Jeden Tag ging er hinaus, um zu angeln. Eines Tages hing ein
schwerer Butt an der Angel. Er fing an zu sprechen: „Lieber Fischer,
lass mich leben! Ich bin ein verwunschener Prinz."
Der Fischer wollte keinen sprechenden Fisch töten und ließ ihn frei.
Zu Hause erzählte er seiner Frau von dem sprechenden Butt.
Da wurde die Frau wütend: „Du hast den Fisch freigelassen und
nichts von ihm gefordert? Du bist ein Dummkopf!"
Als der Fischer am nächsten Morgen zum Angeln ging, sagte die
Frau: „Ruf den Butt zurück, und wünsch dir ein Haus! Dann müssen
wir nicht mehr in dem alten Henkeltopf wohnen."
Der Fischer wehrte sich, aber dann ging er doch. Er fuhr mit seinem
Boot hinaus und rief:

> „Manntje, Manntje, Timpe Te,
> Buttje, Buttje in der See.
> Meine Frau, die Ilsebill,
> will nicht so, wie ich es will."

Da tauchte der Butt auf und fragte: „Was will sie denn?"
„Ich soll mir etwas von dir wünschen, weil ich dich freigelassen habe.
Sie möchte ein Haus haben."
Da antwortete der Fisch: „Sie hat das Haus schon."

Als der Fischer nach Hause kam, war der alte Henkeltopf
verschwunden, und seine Frau saß vor dem Haus auf der Bank.
Der Fischer staunte über den schönen Garten und die große Stube
mit allem, was dazugehörte.
„Hier können wir vergnügt leben", sagte der Fischer, und seine Frau
meinte: „Na ja, wir wollen mal sehen!"
Nach ein paar Tagen jammerte die Frau: „Die Hütte ist doch viel zu
klein. Du solltest dir von dem Butt ein Schloss wünschen."
Der Fischer erschrak, aber als die Frau ihn drängte, ging er doch.
Am Himmel über dem Meer zogen schwarze Wolken auf.
Der Fischer saß in seinem Boot und rief den Butt.
„Was wünscht sich deine Frau heute?", fragte der Fisch.
„Sie möchte ein Schloss haben", antwortete zögernd der Fischer.
„Sie hat es schon", rief der Butt.
Der Fischer ging nach Hause und fand seine Frau in einem Schloss
mit mächtigen Türmen und herrlichen Sälen.
„Nun wollen wir aber zufrieden sein", sagte der Mann.
Aber schon nach wenigen Tagen erklärte die Frau: „Wenn ich in
einem Schloss wohne, dann möchte ich auch Königin sein. Sag das
dem Butt!"
„Nein, das ist nicht recht", rief der Mann, aber dann ging er doch.

Als der Fischer in sein Boot stieg, färbte sich das Meer schwarzgrau. Schweren Herzens rief er den Butt und sagte: „Meine Frau will Königin werden."

„Geh nach Hause!", rief der Butt. „Sie ist es schon."

Im Schloss fand er seine Frau auf einem hohen Thron mit einer Krone auf dem Kopf.

„Nun hast du alles, was man sich wünschen kann", sagte der Mann. Aber nach ein paar Tagen war die Frau schon wieder unzufrieden.

„Wenn der Butt mich zur Königin machen konnte, dann kann er mich auch zur Kaiserin machen. Geh hin, und sag es ihm!"

Der Mann erschrak und fürchtete sich, doch auch dieses Mal fuhr er wieder mit seinem Boot aufs Meer hinaus.

59

Als der Butt von dem neuen Wunsch der Frau hörte, kam ein Sturm und peitschte das Meer wild auf. Doch der Butt erfüllte auch diesen Wunsch.

Als der Fischer nach Hause kam, saß seine Frau auf einem hohen goldenen Thron und hatte eine mit Edelsteinen besetzte Kaiserkrone auf.

Nun herrschte die Frau über das ganze Land, aber das gefiel ihr nur kurze Zeit.

Dann wollte sie Papst werden, und sie wurde es auch.

Doch zufrieden war die Frau noch immer nicht, also schickte sie ihren Mann mit einem neuen Wunsch hinaus aufs Meer.

Dem Mann war angst und bange, als er rief:

„Manntje, Manntje, Timpe Te,
Buttje, Buttje in der See.
Meine Frau, die Ilsebill,
will nicht so, wie ich gern will."

Der Butt tauchte auf und fragte: „Was will sie denn?"
Der Mann antwortete: „Sie will werden wie der liebe Gott."
Da wurden der Himmel und das Meer pechschwarz, und ein gewaltiger Sturm brauste über das Meer. Grelle Blitze zuckten, und ohrenbetäubender Donner übertönte das Rauschen der haushohen Wellen.
Und aus der Tiefe des Wassers hörte der Fischer die unheimliche Stimme des Butt: „Geh nach Hause, Fischer!"
Mit letzter Kraft kämpfte sich der Mann durch Regen und Wind, und als er zu Hause ankam, war das Schloss verschwunden und seine Frau stand in ärmlichen Kleidern vor dem alten Henkeltopf.

Der Froschkönig

Es war einmal ein König, der hatte eine Tochter, die war so schön wie die Sonne. Am liebsten spielte sie mit einer goldenen Kugel, die sie in die Höhe warf und wieder auffing.

Dabei geschah es, dass die Kugel in einen tiefen Brunnen fiel.
Die Königstochter war untröstlich und weinte laut.

Plötzlich streckte ein großer Frosch seinen hässlichen Kopf aus dem Brunnen und fragte mit quakender Stimme: „Warum weinst du, Königstochter?"

„Meine goldene Kugel ist in den Brunnen gefallen", klagte die Königstochter.

„Ich kann dir die Kugel aus dem Wasser holen", quakte der Frosch. „Aber was gibst du mir dafür?"

Die Königstochter hörte auf zu weinen und sagte: „Lieber Frosch, ich gebe dir alles, was du haben willst. Meine Ketten, meine Ringe und sogar meine goldene Krone."

„Quak, quak, quak", sagte der Frosch, „das will ich nicht haben. Ich möchte dein Freund sein, an deinem Tisch sitzen, aus deinem Teller essen und in deinem Bettchen schlafen. Wenn du mir das versprichst, hole ich dir die goldene Kugel aus dem Brunnen."

Die Königstochter sagte: „Ich verspreche es dir."

Da tauchte der Frosch unter, und nach einer Weile sprang er mit der goldenen Kugel im Maul auf den Brunnenrand.

Die Königstochter war glücklich und lief mit ihrer goldenen Kugel ins Schloss.

Der Frosch platschte hinter ihr her und schrie: „Quak, quak! Du hast mir etwas versprochen. Warte auf mich! Ich kann nicht so schnell laufen wie du."

Die Königstochter hörte das jämmerliche Quaken des Frosches, aber sie drehte sich nicht um. Sie rannte die Schlosstreppe hinauf und schlug die Tür hinter sich zu.

Der Frosch sprang traurig zurück in den Brunnen, und die Königstochter vergaß, was sie versprochen hatte.

Eines Abends saßen der König, die Königin und die Prinzessin beim Essen. Da hörten sie plötzlich vor der Tür ein Geräusch. Plitsch, platsch, plitsch, platsch!

Die Königstochter öffnete, sah den Frosch, erschrak fürchterlich und schlug ihm die Tür vor der Nase zu.

Der König merkte, wie aufgeregt seine Tochter war, und fragte, wer draußen stünde. Da blieb der Königstochter nichts anderes übrig, als von ihrem Erlebnis mit dem Frosch zu erzählen.

„Was du versprochen hast, musst du auch halten", erklärte der König und befahl seiner Tochter, die Tür zu öffnen.

Da platschte der dicke Frosch in den Saal, sprang auf den Tisch und quakte: „Ich habe Hunger. Ich habe Hunger."

Der Königstochter blieb der Bissen im Hals stecken, als der Frosch sich über die Speisen auf ihrem goldenen Teller hermachte. Schließlich war er satt und quakte: „Ich bin müde, bring mich in dein Bett!"

Die Königstochter weinte bitterlich, aber der König sagte: „Halte, was du versprochen hast!"

Da musste die Tochter wohl oder übel gehorchen. Sie fasste den Frosch mit zwei Fingern, trug ihn in ihr Zimmer und setzte ihn in eine Ecke.

Als sie im Bett lag, kam der Frosch angekrochen. „Quak, quak, quak! Heb mich in dein Bett, oder ich sag's deinem Vater."

Die Königstochter wurde so zornig, dass sie nach dem garstigen Frosch griff und ihn mit aller Kraft an die Wand schleuderte. „So, jetzt bin ich dich endlich los", rief sie und schloss erleichtert die Augen. Aber was war das?

Sie hörte eine Stimme: „Königstochter, schau mich an! Ich bin kein Frosch mehr, ich bin ein Prinz. Eine Hexe hatte mich verzaubert, aber nun bin ich erlöst."

Die Königstochter konnte es nicht fassen. Vor ihr stand ein junger, schöner Prinz in goldenen Kleidern. Er reichte ihr die Hand und fragte: „Willst du meine Frau werden und mit mir auf mein Schloss gehen?"

Die Königstochter meinte zu träumen, aber dann lächelte sie den Prinzen an und antwortete: „Ja, ich will deine Frau werden."

Am nächsten Morgen stand vor dem Schloss eine goldene Kutsche mit acht Pferden und sechs Dienern.

Alle freuten sich, dass der Prinz erlöst war, vor allem aber sein treuer Diener Heinrich. Er weinte vor Freude, als er das junge Paar abholte, um sie in die Heimat des Prinzen zu bringen. In dem prächtigen Schloss wurde eine große Hochzeit gefeiert, und wenn der Prinz und die Prinzessin nicht gestorben sind, dann leben sie noch heute.

Des Kaisers neue Kleider

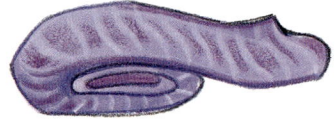

Vor vielen Jahren lebte einmal ein Kaiser, der überaus eitel war.
Anstatt sich um sein Volk zu kümmern, drehten sich seine Gedanken
nur um schöne Kleider.

Die besten Schneider des Reiches mussten Tag und Nacht für den
Kaiser arbeiten. Zehnmal am Tag zog er sich um, und dann zeigte er
sich dem Volk, um sich bewundern zu lassen.

Eines Tages kamen zwei Betrüger in die Stadt und stellten sich dem
Kaiser als Weber vor. Einer von ihnen sagte: „Wir weben feine Stoffe
in den schönsten Farben der Welt, aber nur kluge Leute können sie
sehen, für die dummen sind sie unsichtbar."

Der Kaiser war begeistert. Kleider aus diesen Stoffen wollte er haben,
dann könnte er die Dummen in seinem Reich erkennen.

Die beiden Weber mussten ihre Webstühle aufstellen und anfangen
zu arbeiten. Vorher verlangten die beiden Betrüger viel Geld, um
feinste Seidenfäden und Gold zum Weben einkaufen zu können. Sie
dachten aber gar nicht daran, etwas zu kaufen, sondern steckten sich
das Geld in die eigenen Taschen.

Der Kaiser glaubte, die beiden Weber würden bis in die Nacht hinein
arbeiten, aber sie taten nur so. Auf den beiden Webstühlen war nichts
zu sehen.

Der Kaiser konnte es gar nicht abwarten, bis er die neuen Kleider
anziehen konnte. Er schickte nacheinander drei Minister zu den
Webern. Jeder kam zurück und berichtete dem Kaiser von den
herrlichen Kleidern, die die Weber herstellten. In Wirklichkeit

hatten alle Minister nichts gesehen, aber keiner von ihnen wagte, die Wahrheit zu sagen. Wer will schon dumm sein?

Endlich waren die Weber fertig, und nun wollte auch der Kaiser die neuen Kleider sehen. Die beiden Betrüger verneigten sich vor dem Kaiser und sagten: „Majestät, seht nur, wie herrlich die Kleider sind!"
Der Kaiser erschrak, denn er sah keine Kleider.
Nichts sah er! Gar nichts!
Oh weh, oh weh, dachte er, ich bin dumm.
Aber das darf niemand erfahren.

Am nächsten Tag zog der Kaiser die neuen Kleider an. Die Weber hoben die Arme, als hielten sie die Gewänder in ihren Händen, und taten so, als würden sie ihm beim Anziehen helfen.
Vor dem Schloss hatte sich eine große Menschenmenge versammelt, und als der Kaiser erschien, riefen die Leute alle durcheinander: „Wie schön! Wie kostbar! Die leuchtenden Farben!"
Nur ein kleines Kind rief ganz laut: „Der Kaiser hat gar nichts an. Der ist ja nackt."
Da ging ein Murmeln durch die Menschenmenge, und einer rief: „Das Kind hat recht. Der Kaiser ist nackt."
Schließlich lachte und schrie die ganze Menschenmenge: „Er ist nackt!"
Die Diener ließen sich nichts anmerken, sie hielten weiter die Schleppe, die gar nicht da war.
Und der Kaiser? Der schämte sich und dachte: Das Volk ist klüger als ich.

Das Nusszweiglein

Es war einmal ein reicher Kaufmann, der musste in fremde Länder reisen. Beim Abschied fragte er seine drei Töchter, was er ihnen mitbringen solle.

Die älteste sagte: „Bring mir bitte eine schöne Perlenkette mit."

Die zweite Tochter wollte gerne einen Diamantring haben.

Und die jüngste fiel dem Vater um den Hals und sagte: „Ich wünsche mir ein schönes grünes Nusszweiglein."

Auf seiner Reise vergaß der Kaufmann nicht, was die Töchter sich gewünscht hatten. Er kaufte eine kostbare Perlenkette und einen wertvollen Diamantring, aber einen grünen Nusszweig für seine jüngste Tochter fand er nicht.

Auf dem Heimweg ging er durch einen großen Wald und hoffte, hier ein grünes Nusszweiglein zu finden. Er suchte lange Zeit vergeblich, aber dann stieß er plötzlich mit dem Hut an einen Zweig, und als er hochschaute, war es ein Nusszweiglein mit goldenen Nüssen daran. Der Kaufmann brach den Zweig ab, und im gleichen Augenblick hörte er ein furchterregendes Brüllen.

Ein großer Bär kam aus dem Gebüsch, stellte sich vor ihm auf die Hintertatzen und brüllte: „Du hast meinen Nusszweig abgebrochen. Zur Strafe werde ich dich fressen."

Der Kaufmann erschrak und sagte: „Lieber Bär, friss mich bitte nicht! Ich will dir auch einen schönen großen Schinken schenken."

„Deinen Schinken will ich nicht, versprich mir, das zu geben, was dir zuerst vor deinem Haus entgegenläuft!"

Der Kaufmann glaubte, das würde bestimmt sein Pudel sein, und willigte ein.

Als der Mann nach Hause kam, lief ihm seine jüngste Tochter entgegen und fiel ihm um den Hals. Ein wenig später kamen die beiden anderen Töchter aus dem Haus und begrüßten den Vater. Alle freuten sich über seine Heimkehr und die Geschenke, die er mitgebracht hatte. Aber sie wunderten sich sehr, dass ihr Vater so traurig war. Schließlich erzählte er, was er im Wald dem unheimlichen Bären versprochen hatte.

Die jüngste Tochter tröstete den Vater und sagte: „Wenn der Bär kommt, musst du dein Versprechen halten. Ich fürchte mich nicht und werde mit ihm gehen."

Es dauerte nicht lange, da fuhr eine schwarze Kutsche vor, und der Bär kam ins Haus, um die jüngste Tochter zu holen. Er fuhr mit ihr in den großen Wald und führte sie in eine finstere Höhle. Der Bär sprach: „Wenn du dich nicht umschaust, wird dir nichts geschehen."

Er führte das Mädchen durch elf Zimmer, und jeder Raum war
angefüllt mit Schlangen, Kröten und Würmern.

Das Mädchen zitterte vor Angst, aber es schaute sich nicht um.

Als der Bär die Tür des zwölften Zimmers öffnete, sah das Mädchen
in einen hell erleuchteten Saal. Musik erklang, und ein gewaltiger
Donnerschlag ließ die Höhle zusammenstürzen. Eine Stimme rief:
„Schau dich um!"

Das Mädchen glaubte zu träumen. Es stand mitten im Saal eines
herrlichen Schlosses, und ein junger, schöner Königssohn reichte
ihm die Hand. Er sagte: „Ein Zauberer hatte mich in einen Bären
verwandelt und mein Schloss in eine finstere Höhle. Meine Diener
wurden zu giftigen Tieren, aber du hast uns alle erlöst."

Da öffneten sich die Türen des Saals, und zwölf Diener trugen auf
goldenen Tellern herrliche Speisen auf.

Draußen vor dem Schloss jubelten die Menschen und freuten sich
auf eine große Hochzeit.

Das Märchen vom Schlaraffenland

Es gibt ein Land, in dem würde es jedem Faulpelz gefallen. Aber der Weg dorthin ist weit, und welcher Faulpelz möchte schon laufen? In dem Land wohnen die Schlaraffen, und deshalb heißt das Land – na, ihr wisst es schon! – Schlaraffenland, natürlich.

Die Schlaraffen kennen kein Geld, und sie brauchen auch keins, weil es in dem Land alles gibt, was man sich nur wünschen kann. Die Häuser sind aus Schokoladenkuchen gebaut, und die Dächer mit Apfelpfannkuchen gedeckt.

Wer in einem Haus einen Besuch machen will, kann sich schon vor der Tür satt essen, denn der Zaun ist aus frisch gebratenen Würsten geflochten. Und wer Durst hat, findet auf dem Hof einen Brunnen mit süßer Limonade. Im Garten wachsen Bäume, an denen frische, knusprige Brötchen hängen, und darunter fließt ein Milchbach, in den ab und zu ein Brötchen hineinfällt. Das sind die getunkten Brötchen für alle Schlaraffen, die zum Kauen zu faul sind. Und faul sind sie alle, die Schlaraffen!

Gleich neben den Häusern fließt ein Bach, in dem gebratene Fische schwimmen, die man mit der Hand fangen und gleich in den Mund stecken kann. Wer lieber Fleisch isst, muss nicht mal die Hand ausstrecken, denn die Gänse, Enten und Tauben fliegen kross gebraten den Schlaraffen geradewegs in den Mund.

Zu jedem Haus gehört ein Stall, in dem ein gebratenes Schwein steht. Damit sich jeder, der Lust auf einen Schweinebraten hat, ein Stück abschneiden kann, stecken ein Messer und eine Gabel im Schinken.

Käse mögen die Schlaraffen besonders gern, deshalb sind alle Straßen damit gepflastert.

Die Kinder im Schlaraffenland dürfen jeden Tag Eier essen. Aber hier legen nicht die Hühner die Eier, sondern die Pferde. Und es ist die reine Wahrheit: Die Pferde-Eier sind so groß wie Melonen.

Alle Schlaraffenkinder freuen sich über Regenwetter. Dann regnet es dicke Tropfen Honig, und sie müssen nur den Mund aufmachen.

Im Winter schneit es Zucker, und wenn es hagelt, fällt Würfelzucker vom Himmel.

Und woher nehmen die Schlaraffen ihre Kleider? Die holen sie aus dem Wald.

An jedem Baum hängen die schönsten Hosen, Röcke, Pullis, Strümpfe und sogar glänzende Stiefel und flotte Hüte.

In den Sträuchern glitzern Ketten, Ringe und Armreifen aus reinem Gold und Silber. Es gibt sogar einen Markt im Schlaraffenland, doch das ist ein Umtauschmarkt. Da können Männer eine alte, hässliche Frau gegen eine junge, hübsche tauschen, und die jungen Frauen können ihre alten Männer umtauschen.

Aber was geschieht mit den vielen alten Leuten? Die gehen in einen Jungbrunnen, und wenn sie lange genug darin gebadet haben, sind sie wieder jung und hübsch.

Aber nicht jeder kann ins Schlaraffenland kommen. Wer dort leben will, muss dumm, faul und gefräßig sein. Und noch eins: Er muss lügen können, dass sich die Balken biegen. Wer besonders dumm und faul ist, wird zum Grafen ernannt, und wer am besten lügen kann, wird König und darf das Land regieren.

Wenn jetzt einer von euch glaubt, er könne ein guter Schlaraffe werden, dann soll er sich sofort auf den Weg machen.

Siebenschön

In einem kleinen Haus lebten arme Leute mit ihrer einzigen Tochter. Das Mädchen war nicht nur gut, bescheiden und fleißig, sondern auch schön. Es war so schön wie sieben Mädchen zusammen, und deshalb wurde es im ganzen Dorf nur Siebenschön genannt.

Eines Tages sah ein Königssohn das Mädchen, und es gefiel ihm so gut, dass er es unbedingt wiedersehen wollte.

Er schickte einen Diener zu Siebenschön und ließ ihr ausrichten, sie möge an die große Eiche kommen, denn er habe mit ihr zu reden.

Das Mädchen glaubte, der Königssohn wolle sie mit einer Arbeit beauftragen, und stand am Abend pünktlich unter der Eiche.

Der Prinz freute sich, dass das Mädchen gekommen war, und sagte: „Ich habe von deiner Bescheidenheit und deinem guten Herzen gehört. Du bist die richtige Frau für mich. Willst du mich heiraten?"

Das Mädchen erschrak. „Ich bin arm, und du bist reich. Ich kann nicht deine Frau werden. Ein Prinz muss eine Prinzessin heiraten. Dein Vater wird es von dir verlangen."

Der Prinz schüttelte den Kopf. „Ich will aber keine Prinzessin heiraten. Mein Entschluss steht fest. Du sollst meine Braut werden. Ich gebe dir einen Tag Bedenkzeit, dann möchte ich dich hier an der Eiche wiedersehen."

Am nächsten Tag kam Siebenschön, und der Prinz fragte sofort: „Hast du es dir überlegt? Willst du mich heiraten?"

„Ich hatte keine Zeit zum Nachdenken", sagte Siebenschön, „es gab im Haus so viel zu tun. Ich weiß aber, dass ein armes Mädchen niemals einen Königssohn heiraten kann."

Der Prinz war enttäuscht und gab dem Mädchen noch einen Tag Bedenkzeit.

Aber am nächsten Abend sagte Siebenschön wieder, dass sie ihn nicht heiraten könne.

Der Prinz war traurig und sagte: „Niemals werde ich eine andere heiraten. Merkst du denn nicht, wie lieb ich dich habe?"

Da erkannte Siebenschön, dass der Prinz es ernst meinte, und willigte ein, seine Braut zu werden.

Das junge Paar traf sich jetzt jeden Abend heimlich an der alten Eiche.

Aber eines Tages schlich eine neugierige Dienerin hinter dem Prinzen
her und sah, dass er sich mit Siebenschön traf. Sie lief sofort zum
König und erzählte ihm von dem Geheimnis seines Sohnes.
Da wurde der König furchtbar böse und ließ das Häuschen, in dem
Siebenschön wohnte, in Brand stecken. Die Eltern kamen im Feuer
um, aber Siebenschön konnte sich retten.
Sie wusste sofort, dass es der König war, der sie töten wollte. Das
Mädchen war sehr traurig. Nun hatte es keine Eltern mehr und auch
kein Häuschen, in dem es wohnen konnte.
Es suchte aus der Asche alles Brauchbare heraus und verkaufte es
auf dem Markt. Von dem Geld kaufte sie sich Männerkleider, ging
verkleidet ins Schloss und nahm eine Stelle als Diener des Königs an.
Der Prinz glaubte, Siebenschön sei mit dem Häuschen verbrannt, und
war untröstlich. Der König aber befahl seinem Sohn, endlich eine
Prinzessin zu heiraten.

Der Prinz wehrte sich lange Zeit, aber dann willigte er in die
Verlobung mit der Tochter eines Königs ein.

Der Vater der Braut ließ ein großes Fest vorbereiten und lud viele
Gäste ein.

Der Prinz zog nun mit seinen Eltern und allen Dienern in das Land
seiner Braut.

Auch Siebenschön musste in dem langen Zug als Diener des Königs
mitreiten. Sie war tieftraurig und ritt immer langsamer. Dabei sang
sie wehklagend ein Lied, das mit den Worten anfing: „Siebenschön
war ich genannt …"

Das hörte der Prinz, und die Stimme kam ihm bekannt vor. Er fragte
den Vater: „Wer ist das, der so schön singt?"

„Das ist mein Diener", antwortete der König.

Als der Festzug in den Schlosshof einzog, erklang die traurige Stimme noch einmal. Jetzt spornte der Prinz sein Pferd an und ritt ans Ende des Zuges. Da erkannte er Siebenschön.

Ohne ein Wort zu sagen, betrat der Prinz mit dem alten König und seinen Dienern den großen Saal, in dem sich die Gäste versammelt hatten.

Der Prinz ging zu Siebenschön, nahm sie an die Hand und verkündete laut: „Das ist meine Braut Siebenschön. Ich hatte sie verloren, aber heute habe ich sie wiedergefunden."

Da rief der Vater des Prinzen: „Du irrst dich, mein Sohn, das ist mein Diener. Siebenschön ist lange tot."

„Nein, Siebenschön lebt", sagte der Prinz, „und nur sie will ich zur Frau haben."

Er führte Siebenschön aus dem Saal, setzte sie auf sein Pferd und jagte mit ihr davon.

Das Natterkrönlein

Auf dem Hof eines reichen Bauern lebte eine fleißige Magd.
Sie versorgte die Tiere in den Ställen so gut wie keine andere.
Eines Tages ging die Magd in den Kuhstall, um die Kühe zu melken.
Da sah sie, wie eine kleine schneeweiße Natter aus einem Spalt in
der Mauer schlüpfte. Auf dem Kopf trug sie ein Krönlein, das
blinkte und blitzte wie ein Diamant.
Der Magd kam es so vor, als wolle
die kleine Schlange sie um etwas bitten.
Sie schüttete ein bisschen frisch
gemolkene Milch in eine Untertasse
und stellte sie auf den Boden.
Die Natter schlängelte sich an die Milch
und schlürfte sie begierig auf.
Von nun an kam die weiße Schlange
jeden Tag, und die Magd freute sich,
dass es dem kleinen Tierchen schmeckte.
Seitdem gaben die Kühe im Stall viel
Milch und brachten schöne und
gesunde Kälbchen zur Welt.

Als einmal der Bauer in den Kuhstall kam, sah er die Schlange und das Untertässchen voll Milch. Sofort schrie er das Mädchen an: „Was sehe ich da? Du stiehlst mir die Milch und fütterst damit einen elenden Wurm!"

Die Magd weinte bitterlich, aber das rührte den Bauern nicht. Er vergaß, wie fleißig die Magd viele Jahre bei ihm gearbeitet hatte, und jagte sie aus dem Haus. „Diebinnen haben bei mir nichts zu suchen!", schrie er hinter ihr her.

Die Magd ging in den Stall, um von den Tieren Abschied zu nehmen. Sie streichelte die Kühe, und es war ihr weh ums Herz, denn sie liebte sie alle.

Auch von der kleinen Natter nahm sie Abschied, dabei streifte das Tierchen sein Krönlein ab und legte es in die Hand der Magd. Dann glitt die weiße Schlange aus dem Stall, um nicht mehr zurückzukehren.

Die Magd machte sich auf den Weg und wusste nicht, dass ein Natterkrönlein dem Besitzer großes Glück bringt.

Auf der Dorfstraße begegnete die junge Frau dem reichen Schulzensohn. Er blieb stehen und wollte wissen, wohin sie ginge. Da erzählte ihm die Magd, was sie erlebt hatte.

Der Schulzensohn sagte: „Gehe zu meiner Mutter, und erzähle ihr von deinem Unglück! Vergiss nicht zu sagen, dass ich dich geschickt habe!"

Die Magd bedankte sich und ging auf den Schulzenhof.

Die Bäuerin empfing sie herzlich, und nachdem sie gehört hatte, was geschehen war, sagte sie: „Du kannst bei uns bleiben, es gibt hier genug zu tun, denn wir haben viele Tiere zu versorgen."

Die Magd konnte ihr Glück kaum fassen. Sie blieb in der Schulzenfamilie und verrichtete treu und fleißig ihre Arbeiten.

Bald hatten alle Menschen, die auf dem Schulzenhof lebten, das Mädchen in ihr Herz geschlossen.

Eines Tages fasste der Schulzensohn die Hand der armen Magd, ging mit ihr zu seiner Mutter und sagte: „Dieses Mädchen liebe ich. Sie soll meine Frau werden."

Die Bäuerin schloss das Mädchen in den Arm und sagte: „Dich nehme ich herzlich gern zur Schwiegertochter."

So wurde aus der armen Magd die reichste und glücklichste Frau des Dorfes.

Der lieblose, geizige Bauer aber hatte kein Glück mehr, seit die Magd und die kleine weiße Natter den Hof verlassen hatten.

Bei dem Schulzensohn und seiner jungen Frau dagegen gedieh alles prächtig.

Eines Tages war die junge Frau im Kuhstall und versorgte selbst die Kühe. Da sah sie auf einmal die kleine weiße Schlange. Sie holte sofort das Krönlein aus der Tasche und sagte: „Ich danke dir, liebe kleine Natter! Du hast mir in der Not geholfen. Ich habe jetzt so viel Glück und Liebe, dass ich dir deine kleine Krone zurückgeben möchte."

Nun trug die weiße Natter wieder ihr Krönlein und blieb für immer im Stall des Schulzen.

Solange sie lebte, vergaß die junge Frau niemals, der kleinen Natter ein Schälchen mit Milch zu bringen.